ESTIMATION ET APPRÉCIATION

DU

PRÉJUDICE CAUSÉ

A LA PROPRIÉTÉ DE M. CASIMIR PÉRIER,

SISE

*Commune de Pont-le-Roi, arrondissement de Nogent-
sur-Seine (Aube),*

PAR LE PASSAGE

A TRAVERS SON PARC DU CHEMIN DE FER DE MONTEREAU A TROYES,

Par M. Ed. LUSSY,

ARCHITECTE-EXPERT.

IMPRIMERIE DE E.-B. DELANCHY,

RUE DU FAUBOURG-MONTMARTRE, 11.

—

1846.

M. Casimir Périer est propriétaire de la terre de Pont-le-
Roi, arrondissement de Nogent-sur-Seine (Aube), laquelle doit
être traversée dans sa partie la plus vitale, l'habitation et dépendances, par le chemin de fer de Montereau à Troyes.

M. Périer, pensant que le préjudice qu'éprouvera sa terre du
passage de la voie de fer pourrait, apprécié par lui, paraître enta-
ché de l'exagération dont il est si difficile de se défendre lorsque
l'on se trouve frappé dans un objet d'affection, s'est adressé à
M. Lussy, architecte à Paris, accrédité comme expert près le Tri-
bunal de la Seine, et qui, en cette qualité, a été chargé d'estimations de terrains entrés dans les lignes de fortifications qui entourent Paris, et l'a chargé de déterminer en son âme et conscience,
se dégageant de toute espèce de considération qui lui soit person-
nelle, et de l'influence que pourrait exercer sur son opinion le choix
qu'il a fait de lui, le tort et le préjudice que le passage susdit por-
tera à sa propriété.

M. Lussy ayant accepté la mission dans les termes sus exprimés, s'est rendu sur l'immeuble, l'a scrupuleusement visité dans toutes ses parties, examiné attentivement leurs corrélations entre elles, et, comme introduction indispensable de l'opinion qu'il doit émettre, il la fera précéder d'une désignation aussi sommaire que possible, mais pourtant suffisante pour ne rien laisser de vague et d'incertain dans l'esprit de Messieurs les Jurés.

Le domaine est d'une contenance totale de. .	619 h.	94 a.	22 c.

Se divisant ainsi :

Le château, ses communs, corps de ferme attenant, cours, jardins et parc, sous un seul et même enclos.	71	08	58
Moulin à eau en dehors, mais touchant le parc, canal d'alimentation et ses banquettes, ensemble.	3	26	28
Terres labourables, en majeure partie agglomérées	119	59	78
Prés	29	03	62
Bois, sauf quelques remises, d'un seul tenant	396	49	96
Aquéducs, puits et accessoires	»	46	»
Total égal.	619	94	22

La partie attaquée est celle où se trouve le château et ses dépendances immédiates énoncées ci-dessus.

Cette partie est comprise entre la route royale de Paris à Bâle, au midi, sur laquelle elle a son entrée principale, et la Seine, au nord, qu'elle joint *sans moyen,* le chemin longeant le fleuve n'étant que de contre-halage et une simple servitude à l'usage temporaire de la marine seulement, bien que M. Périer ait concédé par échange un droit de passage à pied aux habitants de Pont.

Elle est de forme longue, dans le sens des deux limites indiquées, dont la régularité n'est interrompue que par une sinuosité que fait la Seine du nord au nord-ouest, le terrain faisant un léger pli, d'où il résulte qu'une partie domine l'autre, celle inférieure prolongée beaucoup plus que celle supérieure.

C'est vers l'extrémité de cette dernière partie que se trouvent le château, ses communs et le corps de ferme attenant.

Le château est en direction de l'entrée, remplie d'une grille en fer, ouvrant à deux ventaux, avec parties latérales reposant sur appui, et divisées en travées par des colonnes en pierre, et l'espace entre offre au-devant du château une vaste pelouse ménageant la vue de la route et de la plaine au-delà, limitée par une chaîne de collines que couronnent les bois mêmes du domaine ; à droite, en entrant, des plantations formant bosquets et masquant les communs, et, à gauche, un bois coupé en tous sens par des allées, deux allées latérales à la pelouse et une allée transversale.

A la suite du château se prolonge le parc, dessiné à l'anglaise, avec des vides habilement ménagés pour démasquer le château, qui plane sur tout le parc, traversé en cette partie par une petite rivière d'eau vive, y serpentant et allant se perdre dans la Seine, et qui renferme un lac et une pièce d'eau en forme de canal, bordée de chaque côté d'une double rangée de peupliers, et jouit d'une vue admirable, embrassant la vaste étendue du bassin de la Seine, de la chaîne de montagnes qui le borne, laissant apercevoir à l'est la petite ville de Pont-le-Roi, dans le fond et à l'horizon, Villenauxe et la forêt de la Traconne, appartenant à l'État.

Le château est assis sur l'emplacement d'un préexistant complètement détruit lors de l'invasion en 1814.

Il a été reconstruit de fond en comble par feu M. Casimir Périer, ministre, et complètement mis dans le parfait état d'habitation où il est aujourd'hui, d'abord par ses deux fils, propriétaires indivis, et ensuite par M. Casimir Périer, propriétaire actuel, auquel il est échu en partage.

L'ancien château, dont des fractions de fondations ont pu seules être utilisées, se composait d'un bâtiment principal, simple en profondeur, et de deux ailes réunies par une galerie. Celui existant ne consiste qu'en un seul corps de logis de onze croisées de face, mais d'un développement de 40 mètres sur 16 de profondeur, ce qui fait une surface de 640 mètres.

Il est élevé sur étage demi-souterrain, voûté en grès et briques, d'un rez-de-chaussée, d'un étage carré, d'un second en attique, ne se prolongeant pas dans tout le développement du bâtiment, et d'un étage lambrissé au-dessus du dit attique, sous comble, en trois parties, chacune à deux égoûts, terminées par des croupes, pourtourné d'acrotères continues le masquant, et de chéneaux en plomb versant les eaux dans des tuyaux de descente les amenant au sol.

Au centre et en saillie de chaque face et même de chaque mur pignon, un perron en pierre; celui en regard de la route précédant un péristyle de deux étages de colonnes détachées d'ordre dorique et ionique surmontées d'un fronton.

L'étage demi-souterrain est appliqué aux cuisines et dépendances, telles qu'office pour les gens, garde-manger et lavoir, à des bûchers ou autres localités de service.

Le rez-de-chaussée, sauf quelques pièces, est consacré à l'appartement de réception, précédé d'un vestibule au centre de toute la profondeur du bâtiment, et correspondant ainsi aux perrons des faces; ce vestibule est décoré dans son milieu de quatre colonnes isolées reposant sur piédestaux et portant socle et chapiteau, et orné dans son pourtour de pilastres par application, d'un lambris d'appui avec plinthe et cymaise de panneaux ou tables unies en élévation avec frise et corniche de couronnement, le tout en stuc jaune de sienne, blanc veiné et granit.

Les pièces principales, sans être d'une ornementation remarquable, sont toutefois en harmonie avec ce beau vestibule.

L'étage carré est distribué en plusieurs appartements d'une composition plus ou moins complète, mais tous commodes et d'une décoration élégante.

L'attique comprend des pièces isolées, la plupart précédées d'un carré d'entrée, cabinet de toilette et de garde-robe, dégageant sur un corridor intermédiaire.

Enfin, l'étage lambrissé est affecté en totalité à des chambres de domestiques, dégageant également sur un corridor intermédiaire; au-dessus d'une partie du rez-de-chaussée, sous le premier étage, est un entresol contenant lingerie, diverses pièces de service et logements pour les femmes de chambre.

On le rappellera, ce bâtiment est neuf et la construction en est solidement établie.

L'intérieur est traité avec recherche; ainsi les plafonds sont pourtournés de corniches composées de moulures et autres ornements en rapport avec la destination et l'importance des pièces; le sol du vestibule et dégagement est carrelé en liais et remplissages en marbre noir, et celui des pièces d'habitation généralement parqueté à point de Hongrie en bois de premier choix, les pièces les plus principales avec ornements en marqueterie; les cheminées revêtues de chambranles de formes modernes, ceux des dites pièces principales à consoles galbées et griffes, et tous en marbres recherchés; au-dessus de chaque cheminée une glace.

Il n'est pas inutile de faire remarquer ici que les eaux vives qui sont un des beaux et utiles ornements de la terre de Pont, sont amenées dans toutes les parties du château et à tous les étages.

Les communs sont de construction originaire, mais d'une conservation et d'une solidité surtout qui ne laisse rien à désirer; toutefois, ils réclament quelques relancis de moellons en remplacement d'une certaine quantité détériorés par le temps et quelques rejointoyements et raccords de plâtre; ils occupent, y compris la cour qu'ils entourent, dans laquelle est un colombier isolé et un grand abreuvoir, une surface de 5,900 mètres dont les bâtiments couvrent environ 2,000 mètres.

Le corps de ferme, au contraire, est d'une construction toute récente, il se compose d'une vaste cour où se trouve un abreuvoir d'eau vive, d'un bâtiment d'habitation pour le fermier, élevé d'un étage carré au-dessus du rez-de-chaussée, et grenier dans le comble, de deux vastes bâtiments parallèles avec greniers dans les combles; l'un de ces bâtiments renfermant une bergerie pour six cents bêtes; l'autre, des écuries, étables à vaches et granges; les combles de ces trois bâtiments à deux égoûts couverts en tuiles; enfin, d'un long appentis couvert aussi en tuiles, appliqué à des toits à porcs et poulaillers.

En résumé, le domaine, sous un point de vue général, peut être rangé parmi ceux qui sortent de la classe ordinaire et qui ne se constituent qu'à grands frais, en faisant des sacrifices considérables pour arriver à leur donner cette agglomération que recherchent les grands propriétaires, et la partie que viendra traverser le chemin de fer en particulier est, sans contredit, par l'importance et bonne disposition du château et de ses communs, par l'ordonnance de son parc, d'une assez grande étendue, et par la position et la vue, du nombre restreint des habitations de campagne citées pour l'agrément et le grandiose.

Un point de départ, autour duquel viendront rayonner les motifs qui vont suivre, de dépréciation qu'éprouvera le domaine, est d'en déterminer le prix, et cela sous deux rapports distincts, le produit et la valeur réelle.

Le produit brut, d'après évaluation, documents fournis et renseignements recueillis, dont l'exactitude n'a pas paru douteuse, s'établit ainsi :

Habitation à laquelle se rattache la jouissance des communs, jardins, et le parcours du parc, ne peut être évaluée moins de. . . . . **18,000** »

    Récolte des prés dans le parc. . . . . **5,000** »

    Moulin loué par bail à long terme. . . . . . . **2,000** »

    Corps de ferme, terres et prés y attachés suivant bail. . . . . **5,280** »

    Bois aménagés à 18 ans la coupe annuelle. . . **25,000** »

              Total. . . . . **55,280** »

Sur quoi on déduira :

1° Pour impôts de toute nature restant à la charge de la propriété. . . . . **5,600** »

2° Et pour l'entretien annuel des bâtiments, gages de jardiniers et de gardes, et autres gens de service obligés, ensemble. . . . . **10,680** » } **16,280** »

         Produit net. . . . . **39,000** »

qui, capitalisés dans la proportion de 11/34mes, ou 12,617 fr. 66 c., à raison de 25 (4 p. 0/0) pour ce qui est applicable à l'habitation, soit. **315,441** **50**

Et dans la proportion de 23/34mes, ou 26,382 fr. 38 c., à raison de 40 (2 1/2 p. 0/0) pour le surplus. **1,055,295** **20**

          Total. **1,370,736** **70**

La valeur réelle ressort comme suit :

La partie attaquée, d'une contenance totale, ainsi qu'on l'a vu précédemment, de 71 hectares 8 ares 58 centiares, et non, ainsi qu'il semblerait résulter du tableau indicatif des propriétés que doit rencontrer la ligne, émané de la Compagnie du chemin de fer, de 26 hectares 56 ares 65 centiares, en y comprenant la pièce dite de Saint-Denis (qui y entre pour 9 hectares 60 ares 80 centiares, et que l'état précité considère être en dehors du parc, bien qu'elle en fasse réellement et évidemment partie, que le chemin qui l'en sépare ait été racheté très-chèrement et uniquement dans ce but, qu'on l'ait déjà fait entourer de sauts de loup, et fait abattre par portion les anciennes terrasses qui la séparaient du château, puisqu'elle est renfermée dans l'enclos) ne peut être évaluée, comme sol appartenant à la première classe du cadastre, et, eu égard à sa clôture, à sa proximité de la ville, à sa position sur la route royale, à ses autres accès, au voisinage du fleuve, dont toutefois elle est à l'abri des inondations, et enfin à ses belles plantations, moins de 4,000 fr. l'hectare, soit pour les 71 hectares 8 ares 58 centiares. 284,343 20

Château, 640 mètres de surface, à 300 fr. le mètre. . . . . 192,000 »

Communs, 2,000 mètres de surface de bâtiments, à 40 fr. le mètre. . . . . 80,000 »

Corps de ferme, 1,500 mètres de surface de bâtiments, à 30 fr. le mètre. . . . . 45,000 »

601,343 20

Moulin, chute et dépendances, le tout d'une contenance de 3 hectares 26 ares 28 centiares.   30,000 »

Terres labourables de toutes classes, la première dominant 119 hectares 59 ares 78 centiares; terme moyen, 1,800 fr. l'hectare. . . . .   215,276 »

Prés en dehors de l'enclos, aussi de classes diverses, 29 hectares 3 ares 2 centiares; terme moyen, 2,000 fr. l'hectare. 58,060 40

Bois, de même en dehors du parc et de diverses classes, plus généralement rangés dans la première, et, comme il est dit, à peu près d'un seul

A reporter. 904,679 60

Report **904,679 60**

tenant, en face et à distance du château au plus
de 3 kilomètres; 396 hectares 49 ares 96 centiares aménagés à 18 ans, avec réserve, également
terme moyen, à 1,500 fr. l'hectare. **594,749 40**

Aquéducs, puits, regards, réservoirs et accessoires pour la réception et distribution des eaux
dans tous les étages du château, des communs, de
la ferme, et sur différents points du parc. . . . .   **20,000**   »

        Total de la valeur réelle. . . . .   **1,519,429**   »

Réunissant les deux estimations par le produit
de. . . . .   **1,370,737**   »
par la valeur réelle de. . . . .   **1,519,429**   »

                                                             2,890,166   »

Et en prenant la moitié pour moyenne. **1/2**
on aura pour estimation définitive. . . . .   **1,445,083**   »

Cette estimation est, sans conteste possible, le prix que l'on ob-
tiendrait du domaine mis en vente. C'est à ce point de vue qu'elle
est déterminée, car si on se fût placé sous l'influence de son prix
de revient dans les mains de la famille Périer, on aurait approché
le chiffre de deux millions.

En effet, feu M. Périer n'a acquis que par portions, et a ainsi
créé le domaine auquel ses héritiers sont encore venus ajouter
par des acquisitions isolées et successives ayant pour but de faire
disparaître des enclaves qui en rompaient l'unité.

On sait combien ce mode d'acquérir est onéreux, les sacrifices
qu'il faut faire pour déterminer un propriétaire enclavé, qui n'i-
gnore pas le but que vous vous proposez, à se défaire du morceau
de terre que vous voulez lui acheter, et, suivant la position et le de-

gré d'utilité dont il vous est, ne se détermine que pour un prix double et souvent plus de la valeur réelle.

Pour le sol du parc, les terres labourables, prés et bois, la valeur pour laquelle elles ressortent dans l'estimation ci-dessus de 1,122,428, n'est pas contestable en présence de l'augmentation progressive qu'ont éprouvée les biens ruraux depuis une dizaine d'années, ci. 1,122,428   »

La construction du château, dans laquelle sont entrés seulement quelques fragments de fondations de l'ancien, qui en outre n'a fourni que peu et même point de matériaux de nature à être remployés, en ce qu'ils avaient été consumés et détériorés par le feu qui l'avait détruit, d'après des documents positifs produits et d'ailleurs très-appréciables à la vue pour un constructeur, a dépassé 400,000   »

A considérer l'importance et la construction des communs et leur parfaite appropriation à une habitation hors ligne, le prix de 100,000 fr. qu'y attache M. Périer n'a rien qui puisse paraître exagéré. 100,000   »

Le corps de ferme, construit par M. Périer père, dont la valeur est, ainsi que celle du château, appréciable à la vue 80,000   »

Le moulin et dépendances. 30,000   »

Sans suivre M. Périer dans ses approximations des travaux de terrassement, remblais, déblais, tracés d'allées, défoncements, démolitions et autres menus travaux faits par son père, et, depuis son décès, l'achèvement intérieur du château, rétablissement des eaux, grilles de clôture, murs,

A reporter 1,732,428   »

Report. . . . . . . 1,752,428 »

palis, achat d'un chemin public qui traversait le parc et le divisait en deux parties, construction d'un pavillon de garde , plantations dans le parc, tous travaux qui, en majeure partie, se reconnaissent à la vue des lieux , qu'il fait monter à 415,000 fr., mais dont une partie notable est entrée dans l'évaluation du sol du parc et que pour ce motif on réduira à. . . . . . 200,000 »

Total. . . . . . . 1,932,428 »

Pour un fils qui voit ici une création d'affection de son auteur, à la mémoire duquel il porte un religieux respect, l'espèce de célébrité qui s'attache à une terre qui a été habitée d'abord par le prince Xavier de Lorraine, ensuite par Madame, mère de Napoléon; enfin, par un ministre comme M. Casimir Périer, illustre non-seulement dans son pays, mais dans le monde entier, et qui vivra dans l'histoire; on conçoit que l'héritier de son nom attache le plus grand prix à conserver l'héritage qu'il lui a transmis; et, certes, pour M. Périer fils aîné, portant le prénom même de son père, jouissant d'une fortune qui lui permet de sacrifier à la renommée, ce domaine vaut bien de 3 à 400,000 fr. de plus que pour un acquéreur indifférent auquel il reviendrait, selon l'estimation portée à ce point de vue en admettant qu'il ne fût pas dépassé, et frais d'acquisition compris, à près de 1,600,000 fr.

Le passage du chemin de fer à travers le parc annihile, c'est le mot, l'habitation et ce qui en fait le charme, aussi M. Périer annonce-t-il positivement l'intention de renoncer à la possession de sa terre.

La voie ne sera distante du château que de 200 mètres; son passage est précisément dans la plus belle portion du parc, qu'elle sépare en deux parties inégales, laissant en dehors et loin du château, et la plus grande et la plus belle partie, la Seine, les pièces d'eau, le potager, etc., un peu en aval du pli que fait le terrain ; et comme elle sera à niveau, elle apparaîtra complètement à la vue de la partie plane en avant du château, par conséquent de tous ses étages.

Un simple treillage de 1 mètre à 1 mètre 30 cent., ainsi que cela se voit pour tous les chemins de fer, délimitera la voie et ses banquettes, et une porte au centre du parcours sera nécessairement observée pour établir la communication entre les deux portions ainsi coupées du parc.

Voilà, réduite à sa plus simple expression, la situation que va faire à la plus belle partie de la propriété, sans laquelle on ne peut nier qu'il n'y a plus de domaine dans l'acception du mot, le tracé du chemin de fer.

Viennent maintenant les inconvénients nombreux et graves qui en résultent et qu'on divisera en deux catégories.

PREMIÈRE CATÉGORIE.

La vue si magnifique dont jouit le château et toute la partie culminante du parc sera offusquée par un chemin d'un aspect triste et monotone, par le passage des convois, la circulation des gens de service et ouvriers dont le regard plongera incessamment sur la propriété.

Le bruit strident que produit le passage des convois, et qui, comme chacun sait, est dû au roulement des voitures, au sifflement et soufflement si effrayant de l'échappement de la vapeur, qui, dans la direction du vent, se fait entendre à une distance considérable, et qui, à 200 mètres, ne peut être qu'intolérable en tout temps.

La fumée qui inondera constamment les approches et le château lui-même, ce que sont venues démontrer jusqu'à la dernière évidence les expériences auxquelles, pour ne rien avancer au hasard, on s'est livré par un temps variable, les 21, 22 et 23 mai dernier, sur divers points des lignes des chemins de fer de Paris à St-Germain et de Paris à Versailles, expériences faites avec le plus grand soin, dans lesquelles on a employé l'assistance d'un aide intelligent et entendu, les instruments que réclament impérieusement des observations de ce genre, en un mot, tous les moyens que la science peut suggérer, et on a reconnu, avec une certitude que l'on n'hésite point à déclarer incontestable, à la vérification contradictoire de laquelle on est prêt à se soumettre, convaincu que l'on arriverait aux mêmes résultats, que :

1° Pendant absence absolue de vent, la fumée s'élevait presque perpendiculairement, tendait à se répandre sur le convoi lui-même et finissait par se dissiper légèrement sur la voie et ses abords;

2° Pendant un vent doux, la fumée s'élève hors de la cheminée à environ 3 mètres, suit une direction horizontale d'à peu près 5 mètres, se relève ensuite lentement, sous un angle de 0. 6°, et s'éparpille en tourbillons jusqu'à environ 200 mètres de la voie de fer;

3° Par un vent moyen, la fumée ne s'élève guère qu'à 2 mètres, puis elle suit horizontalement la direction du vent, sur une longueur de 10 mètres, se relève ensuite sous un angle de 0. 5°, et se prolonge à une distance de 250 à 300 mètres. Si elle rencontre un obstacle, elle se relève perpendiculairement le long de cet obstacle;

4° Par un vent fort, à 1 mètre environ de la bouche de la cheminée, la fumée suit une direction horizontale de 100 à 120 mètres, se relève ensuite sous un angle peu perceptible à l'instrument et se prolonge de 300 à 350 mètres, suivant la force de la colonne. Si dans sa course horizontale elle rencontre un obstacle en pente comme une colline (c'est le cas du château de Pont), elle se relève par un angle de réflexion égal à celui d'incidence, et continue sa route avec la même force. Si avant d'expirer à 300 ou 350 mètres elle rencontre un obstacle perpendiculaire, elle se relève suivant la perpendiculaire en rebondissant par bouffées sur l'obstacle même, le vent la rejette de nouveau sur le dit obstacle, et, s'il s'y trouve des ouvertures, elle y pénètre nécessairement;

5° Par un vent très-violent, la fumée, à peu de distance de la cheminée, est rabattue sur le sol, s'étale en tourbillonnant, ricoche sur tous les obstacles qu'elle rencontre, s'étale de nouveau en méandres les plus capricieux, et quelques bouffées vont quelquefois jusqu'à 500 mètres.

On n'a point été à même d'observer le cas de tempête, qui est au reste un cas rare, exceptionnel, dont il n'y aurait aucun renseignement utile à tirer.

De ce qui précède et de la figure démonstrative des différentes phases sus-indiquées du vent, très-exactement dressée et à l'échelle quadruple du plan général ci-annexé, de la partie attaquée, auquel on a cru devoir l'ajouter, il résulte que la fumée,

Dans le cas N° 2, atteindra le deuxième étage du château;

Dans le cas N° 3, le premier étage;

Dans le cas N° 4, le rez-de-chaussée et, par suite, les autres étages où elle pénètrera par toutes les baies ouvertes; qu'il en sera de même dans le cas N° 5.

Mais les cas 2, 3 et 4 étant, en moyenne, l'état normal de nos climats, il est facile d'en tirer la conséquence que le château sera presqu'en tout temps atteint par la fumée. Quant à la pelouse et aux promenades qui l'environnent, il est évident qu'il ne faut pas penser à en jouir.

On a remarqué aussi que si le vent est oblique sous un angle de moins de 45°, les effets sont les mêmes et plus désagréables encore, en ce sens que la fumée s'étale davantage et stationne devant l'obstacle.

Toutefois, on n'a pu rendre compte de ce dernier mouvement dans la figure, mais pour peu qu'on ait le coup-d'œil observateur, il sera facile d'apprécier cet effet.

Il est encore à remarquer que les vents nord-ouest, nord et nord-est, qui sont les plus fréquents dans le département, sont précisément les vents directs et obliques qui porteraient du chemin de fer sur le château. Le vent d'ouest incommodera bien le château, mais moins souvent ; d'ailleurs ce vent souffle plus communément en hiver, époque où on n'habite pas les châteaux, et personne n'ignore qu'en été principalement ce sont les vents nord et nord-est qui sont les plus fréquents dans le pays.

Enfin, l'odeur nauséabonde qu'exhale cette fumée et qui est une des plaies de ce mode de transport.

Ainsi donc, ne fût-ce que par le fait seul de la fumée, le château et ses alentours deviendront inhabitables.

DEUXIÈME CATÉGORIE.

Le danger que présente le voisinage d'un chemin de fer, par exemple :

Une inadvertance dans l'ouverture et fermeture de la barrière devant alternativement livrer ou interdire le passage sur la voie;

L'assujétissement, lorsque l'on se trouvera à une des extrémités en largeur du parc, de venir chercher l'ouverture placée nécessairement au milieu, pour passer d'une partie dans l'autre;

L'imprudence de jeunes gens ou de jeunes enfants qui, pour éviter le trajet assez long qu'on vient de signaler ou pour s'affranchir de l'interdiction momentanée du passage, insouciants ou ne connaissant pas le danger, s'ingèreront d'escalader le treillage, ce qui ne sera pas bien difficile, et peuvent se trouver ainsi engagés dans une situation périlleuse;

La privation du parcours du parc en voiture ou à cheval, et qui a été ménagé avec art; car, indépendamment que ce parcours est complètement interrompu par la ligne du chemin au moins pour les voitures, on a tout à craindre de la frayeur qui s'emparera des chevaux au bruit et à la vue des convois;

Les catastrophes dont malheureusement ces chemins fournissent tant d'exemples déplorables, qui peuvent arriver sous vos yeux, viennent vous offrir un spectacle affligeant, et transformer votre habitation d'agrément en une ambulance de blessés, et pour terminer le tableau, la possibilité d'une explosion dont les effets sont presque toujours funestes.

Tant de motifs de répulsion rendent très-concevable l'éloignement de M. Périer pour sa propriété, ainsi bouleversée et dénaturée, et son désir de l'abandonner sans réserve pour la remplacer par une autre. Il est peu de propriétaires, pour ne pas dire tous, qui, en semblable position, seraient mus par un autre sentiment.

En supposant M. Périer dépossédé, par une force majeure quelconque, d'un domaine pour la formation et bonne disposition duquel d'énormes sacrifices ont été faits, on serait certainement au-dessous du prix de revient en en portant la valeur générale à 1,800,000 fr.

Si M. Périer est tenu de souffrir le passage tracé du chemin de fer, tel qu'il est indiqué aujourd'hui, alors la dépréciation est énorme.

Le château devient inhabitable et n'a plus qu'une valeur de démolition. On ne peut espérer tirer des matériaux à en provenir, éloigné comme on l'est de grands points de centralisation, au plus . . . .   **30,000**   »

Une partie des communs pourra être conservée pour être jointe et venir augmenter le corps de ferme un peu restreint; mais la plus grande partie sera une superfétation qu'on aura intérêt de faire disparaître, et en évaluant la partie qui serait conservée et les matériaux à provenir de la partie à démolir qui ne produira que de la pierre, du moëllon, de la tuile, bois de charpente et du fer, à 30,000 fr., on se croit dans le vrai. .   **30,000**   »

Le sol du parc, et ce qui sera délaissé par les

A reporter   60,000   »

Report.   60,000   »

constructions, rentrera dans la classe des terres, prés et bois en culture ordinaire; les pièces d'eau, d'une surface cependant de quelque importance, ne seront plus qu'un objet d'un produit à peu près nul, et en portant l'hectare, eu égard à la situation seulement, car la clôture deviendra une gêne, à 2,000 fr. au lieu de 4,000, évaluation adoptée dans l'estimation réelle qui précède, on obtient, pour les 71 hectares 8 ares 58 centiares de contenance, la somme de. . . .   142,171 60

Le corps de ferme conserve sa valeur, soit.   45,000   »

On laissera au moulin et ses dépendances, aux *terres labourables*, *prés et bois en dehors de la partie attaquée*, les prix pour lesquels ils figurent en l'estimation, sauf cependant l'indemnité dont sera ci-après parlé pour perturbation dans l'exploitation du domaine en général, et c'est, on peut dire, une véritable concession, soit. 898,085 80

Les aquéducs, puits, regards, réservoirs et accessoires pour la réception et distribution des eaux dans tous les étages du château, etc., se trouvent nécessairement annulés, et ce qu'on pourrait retirer de leur démolition compenserait tout au plus les frais; ils ne doivent donc figurer ici que pour ordre, ci. . . . .   *Pour ordre.*

Total de la valeur que la présence du chemin de fer laisse au domaine. 1,145,257 40

L'estimation précédemment établie de la valeur réelle du domaine à ce jour et dans son état présent étant sans conteste possible de. 1,519,429   »

Et le passage du chemin de fer, ce qui n'est pas davantage contestable, ne lui laissant plus qu'une valeur de. . . . . . . , ... 1,145,257   40

Différence entre les deux évaluations. 374,171   60

A quoi il faut ajouter, ainsi qu'on l'a annoncé plus haut, pour la perturbation que la traversée du chemin de fer apportera dans l'exploitation, puisque des pièces seront les unes au midi, les autres au nord du dit chemin, ce qui obligera à des détours, interruptions de passage, surtout pour les charrois et troupeaux, si nombreux dans l'ancienne province de Champagne, outre une foule d'autres inconvénients, tous de nature à avoir une certaine influence sur la valeur des pièces coupées plus particulièrement, une somme de. 20,000   »

La perte effective, dégagée de toute appréciation d'affection et de disparition de toute jouissance d'agrément, de. 394,171   60

Cette somme, comme on croit l'avoir démontré, n'est que la représentation de la moins-value de l'immeuble, et ne rendra à M. Périer que la valeur intrinsèque de ce qui lui est enlevé; maintenant pourrait-on ne pas admettre qu'il vient s'y ajouter une perte morale qui échappe à l'appréciation au point de vue de M. Périer, qui, à tant de titres, devait tenir à conserver intact le domaine qui lui a été transmis.

Sans prétendre que des étrangers, indifférents nécessairement à des considérations qui ne sont et ne peuvent être que toutes personnelles, apprécient au même degré cette perte morale, on ne peut néanmoins exiger de la part de M. Périer une abnégation complète. Ce que nous disons ici de lui s'appliquerait à tout propriétaire dans une situation analogue. Une grande terre comporte toujours, outre la valeur matérielle et positive, la valeur que donne l'affection, l'habitude, une longue possession, et nous demandons avec confiance si, dans une position semblable, 450,000 fr. seraient un dédommagement suffisant?

Indépendamment de ce qui précède, M. Périer a encore droit à une indemnité bien distincte comme locataire de la ferme dite de *Maison-Rouge*, même territoire de Pont-le-Roi, suivant bail en renouvellement (M. Périer ayant déjà fait deux baux chacun d'une même durée) de neuf années consécutives, qui ont commencé à courir du mois d'avril dernier, moyennant 4,500 fr. annuellement, compris l'impôt mis à sa charge.

Le chemin de fer, dans sa direction de l'ouest à l'est, divise le territoire de la commune en deux parties; il rencontre onze des pièces de la dite ferme, les coupe plus ou moins inégalement, et leur enlève 1 hectare 50 ares.

Tout le monde sait que plus une exploitation est multipliée, plus elle est frayeuse. Ici, non-seulement on aura tous les inconvénients d'une trop grande division, mais encore il arrivera que les deux portions d'une même pièce originaire pourront être rejetées à une distance considérable l'une de l'autre, et que pour se rendre de l'une sur l'autre, un grand détour sera à faire pour gagner les chemins vicinaux ou d'exploitation conservés, de là une perte de temps par le plus de distance à parcourir et par l'attente pendant les interruptions de passage sur la voie, puis une plus grande fatigue pour les hommes et les bestiaux; enfin, on le répètera, parce que c'est un fait patent de vérité, la gêne et les graves inconvénients qui se rapporteront à la circulation des charrois et au parcours des troupeaux.

Tout bien calculé, M. Périer, dans l'intérêt seul de qui, en sa qualité de locataire, on signale toutes les entraves qu'il rencontrera dans son exploitation, ne peut avoir droit pour compenser le tort et le préjudice qu'il éprouvera à une indemnité moindre de 1,000 francs pour chacune des années de sa jouissance.

En résumé, l'évaluation par le produit est basée sur un peu moins de trois pour cent d'intérêts de fonds, et où trouve-t-on aujourd'hui à placer à ce taux, notamment dans les provinces de l'Est?

L'évaluation par la valeur réelle ressort des prix courants mêmes, et disons-le, il faut que des terres, prés et bois, soient de bien médiocre qualité pour ne pas valoir 1,800 à 2,000 francs l'hectare, et ici comme on l'a annoncé, majeure partie appartient à la première classe.

Quant à la dépréciation, elle est si perceptible, qu'à n'en pas douter, la juste évaluation qui en est faite ne sera méconnue par aucun de messieurs les Jurés, auxquels la modération de ce qui est demandé, sous le rapport de la convenance, n'échappera pas davantage.

Édouard LUSSY,

Architecte et Expert des tribunaux.

Paris, le 20 juin 1846.

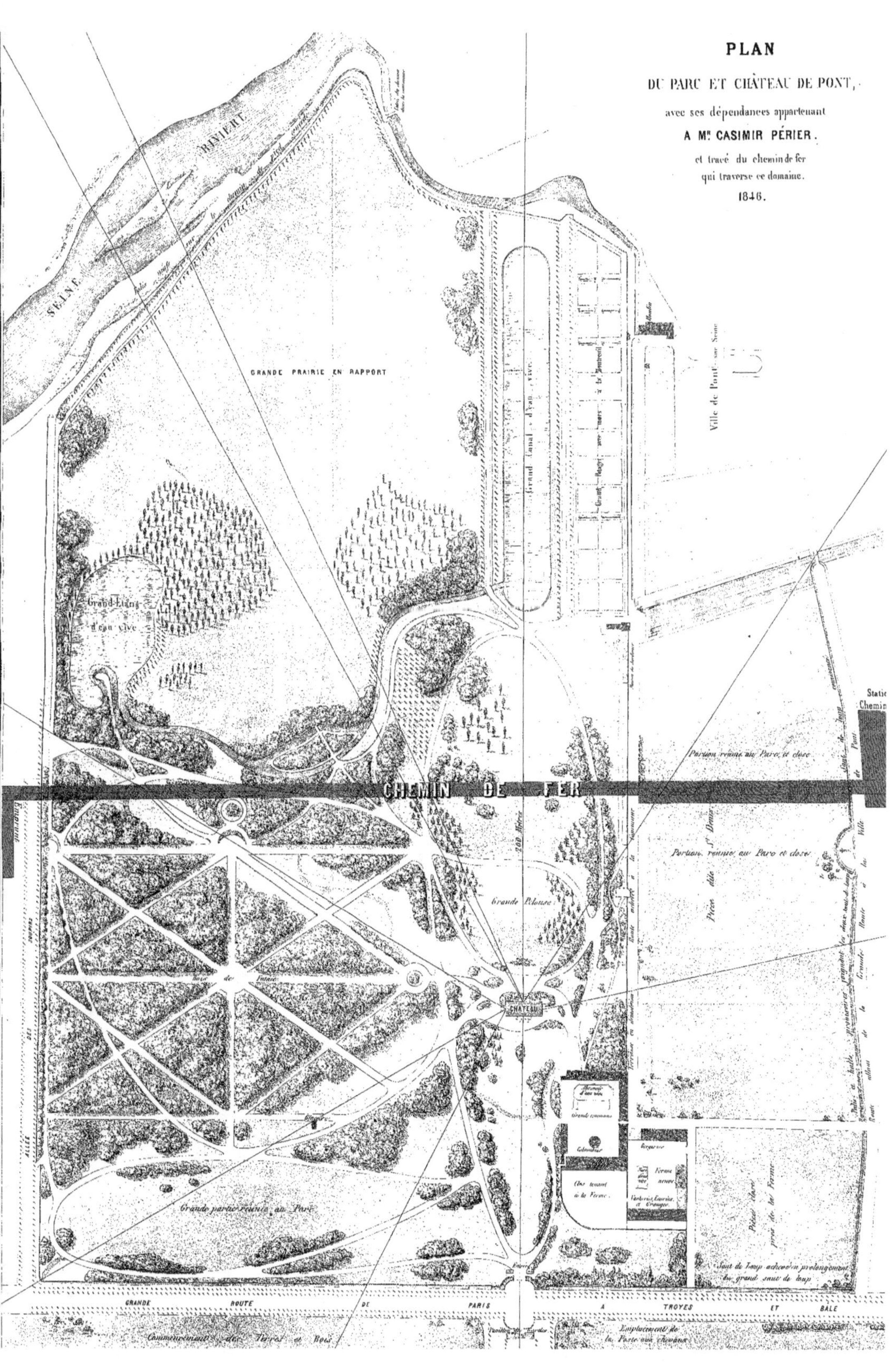

PLAN
DU PARC ET CHÂTEAU DE PONT,
avec ses dépendances appartenant
A M. CASIMIR PÉRIER.
et tracé du chemin de fer
qui traverse ce domaine.
1846.
RIVIÈRE
SEINE
GRANDE PRAIRIE EN RAPPORT
Grand Étang d'eau vive
Grand Canal d'eau vive
Ville de Pont-sur-Seine
Station Chemin
Portion réunie au Parc, et close
Portion réunie au Parc et close
CHEMIN DE FER
240 Mètres
Grande Pelouse
Grande partie réunie au Parc
CHÂTEAU
Grande remise
Colombier
Clos tenant à la Ferme
Ferme neuve
Vacherie, Laiterie et Orangerie
Pépinière pour le de la Ferme
GRANDE ROUTE DE PARIS A TROYES ET BALE
Commencement des Terres et Bois
Emplacement de la Poste aux Chevaux

Chateau de Pont.
Expériences sur le vent et la fumée
des Locomotives.
200 Mètres